W0075301

White Star Kids® ist eine eingetragene Marke von White Star s.r.l.

© 2019 White Star s.r.l.
Piazzale Luigi Cadorna, 6
20123 Mailand, Italien
www.whitestar.it

Übersetzung: Langue & Parole, Mailand, Italy

Alle Rechte vorbehalten.
Kein Teil des Werkes darf in irgendeiner Form (durch Fotokopie,
Mikrofilm oder ein ähnliches Verfahren) ohne die schriftliche Genehmigung
des Verlages reproduziert oder unter Verwendung elektronischer Systeme
verarbeitet, vervielfältigt oder verbreitet werden.

ISBN 978-88-6312-407-1
1 2 3 4 5 6   23 22 21 20 19

Gedruckt in China

Text von Federica Magrin

Illustrationen von Isabella Grott

HELDEN DER ZEITGESCHICHTE
Persönlichkeiten, die die Welt veränderten

WHITE STAR KIDS

Coco Chanel

Anne Frank

Mahatma Gandhi

Frida Kahlo

Albert Einstein

Malala Yousafzai

Nelson Mandela

Marie Curie

Stephen Hawking

Inhalt

Einführung

Was ist ein Superheld? Ein Mensch mit außergewöhnlichen Kräften? Jemand, dem eine besondere Aufgabe übertragen wird wie etwa die Rettung der Menschheit?

Wenn du dieses Buches liest, wirst du entdecken, dass DIE GESCHICHTE, besonders die, die uns am nächsten ist, VOLL VON MÄNNERN UND FRAUEN MIT GROSSEN TALENTEN ist, die sich dafür eingesetzt haben, dass die Erde weiterhin ein lebenswerter Ort bleibt.

Zum Beispiel FRIDA, mit ihrer großen Leidenschaft für die Kunst, der geniale EINSTEIN mit seinem spöttischen Lächeln, der mutige GANDHI mit seiner Geduld und Gewaltlosigkeit, der abenteuerlustige ARMSTRONG, der die ersten Sprünge auf dem Mond wagte ...

20 PERSÖNLICHKEITEN – MÄNNER WIE FRAUEN – werden dir von ihren Erfolgen, ihren unglaublichen Leistungen, ihren Siegen, aber auch von ihren Ängsten und Unsicherheiten erzählen. Es sind Menschen wie du und ich, mit einem großen Herzen, sie sind nicht perfekt, aber sicher guten Willens.

Möchtest du ihre Geschichte hören und ihre Wege zurückverfolgen? ES ERWARTET DICH EINE SPANNENDE REISE ZU DEN SUPERHELDEN IN IHRER GANZ ALLTÄGLICHEN NORMALITÄT.

Emmeline Pankhurst 1858–1928

„Unterschätzt niemals die Macht, die wir haben, UNSER EIGENES SCHICKSAL SELBST IN DIE HAND ZU NEHMEN!". Mit diesem Satz machte ich mir mein ganzes Leben lang Mut. Wirst du als Frau in einer männlich bestimmten Gesellschaft geboren, hast du nur zwei Möglichkeiten: Entweder du passt dich dem System an, kümmerst dich um Mann, Kinder und Haushalt, so wie es die Rolle für dich vorsieht, oder du kämpfst für mehr Handlungsspielraum, um eine Bürgerin deines Landes auf Augenhöhe mit einem Mann zu sein. Ich wurde in England in einer Familie geboren, in der die Politik eine große Rolle spielte. Ich hatte das Glück, einen Mann wie Richard Pankhurst zu heiraten, der wie ich an das WAHLRECHT FÜR FRAUEN GLAUBTE. Ich war Architektin meines Schicksals und setzte alle Mittel ein, um mein Ziel zu erreichen: gleiche Rechte für Männer und Frauen. Teilweise war ich erfolgreich. Weißt du wie? Mit meiner Superkraft: DER HARTNÄCKIGKEIT.

Aufgrund meines politischen KAMPFES FÜR DAS WAHLRECHT VON FRAUEN, war ich nicht sehr beliebt. Und selbst jetzt gibt es unter denen, die mich lobten, Zweifel an mir. Natürlich war ich extrem und nicht bereit aufzugeben, was ich für die Hauptsäulen meines Kampfes hielt. Die Art, wie ich mein politisches Handeln anging, war ziemlich männlich. Nicht, dass ich keine Zweifel gehabt hätte, vor allem wegen der Beteiligung meiner Töchter an der Bewegung. Aber ich war immer überzeugt, dass ich DAS RICHTIGE tat, nicht nur für mich selbst, sondern auch FÜR KOMMENDE GENERATIONEN. Wenige Wochen nach meinem Tod wurde in England allen Frauen über 21 Jahren das Wahlrecht gewährt. Es war eine historische Anerkennung und ich bin stolz, dazu beigetragen zu haben. Dies aber war nur der Beginn eines Kampfes, den andere auf der ganzen Welt weiter führen sollten und der bis heute andauert. „Gib nicht auf! Hör nie auf zu kämpfen!"

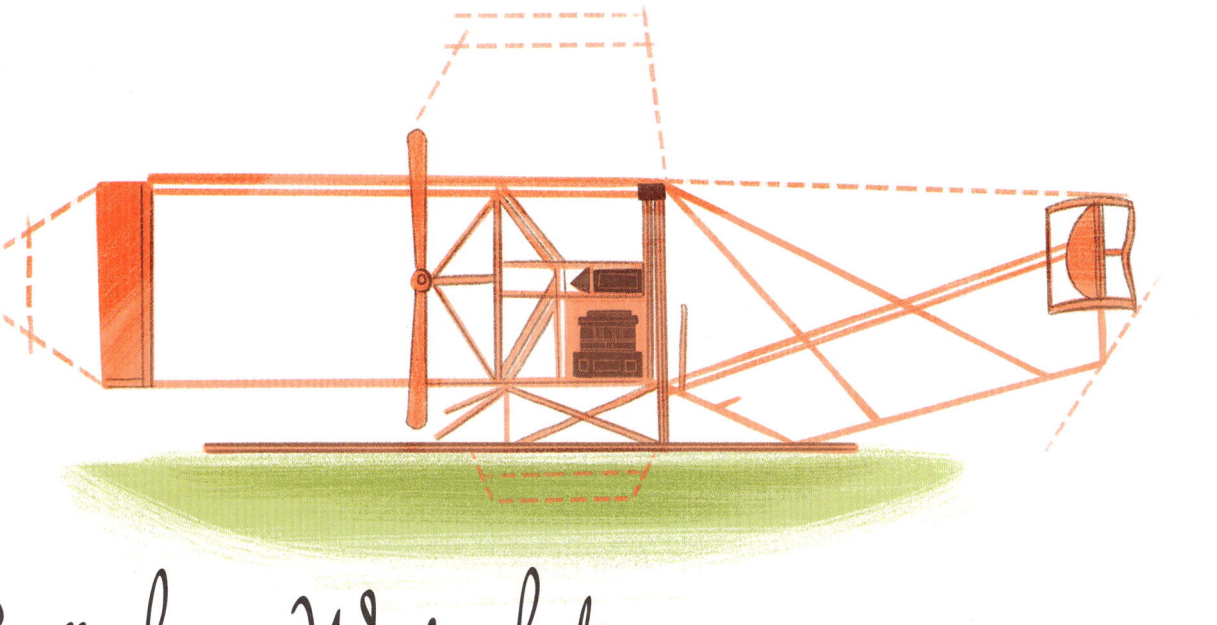

Brüder Wright

WILBUR 1867–1912 UND ORVILLE 1871–1948

DER TRAUM VOM FLIEGEN ist so alt wie der Mensch: der Mythos von Ikarus, der mit Wachsflügeln bis zur Sonne vordrang, die Flugmaschinenkonzepte von Leonardo da Vinci ... Wir wollten uns das Fliegen aber nicht nur vorstellen, sondern KONKRET FÜR DIE MENSCHEN VERWIRKLICHEN. Von klein an waren wir lebhaft, kreativ, jene Art von Kindern, die Fantasien nachgehen und es lieben, das Warum der Dinge zu hinterfragen. Der Maschinenbau war unser Brot. Wir widmeten uns dem Druck, dann den Fahrrädern. Aber es war die Möglichkeit, ein Fluggerät zu bauen, die die Leidenschaft in unseren Leben entzündete. Wir griffen auf die gemeinsame SUPERKRAFT ZURÜCK, DEN VISIONÄREN GEIST, um unser Flugzeug, den *Flyer*, zu entwerfen und ... wir sind geflogen!

Andere hatten versucht, ein motorisiertes Fahrzeug schwerer als Luft in die Höhe zu bringen, aber es klappte nicht. Deshalb sagten wir uns, als wir die Nachricht vom Scheitern von Samuel Langley, einem genialen Erfinder, hörten, „Jetzt sind wir an der Reihe ... Wie wird es uns ergehen?" Und doch schafften wir es: EINEN STABILEN FLUG VON 12 SEKUNDEN ÜBER 36 METER. Obwohl es fast nur ein Sprung war, war es ein HISTORISCHES EREIGNIS FÜR DIE MENSCHHEIT. Es war der 17. Dezember 1903 und die Welt würde nie wieder dieselbe sein. Unser kurzer Flug war der BEGINN EINER AUSSERGEWÖHNLICHEN ÄRA, in der die Menschen die Luft eroberten, die vordem absolutes Hoheitsgebiet der Vögel war. Es war großartig und es prägte sich für immer in uns ein. „Mehr als alles andere gleicht das Gefühl (beim Fliegen) einer Aufregung, die jeden Nerv zum Maximum anspannt."

Marie Curie

1867-1934

Als ich geboren wurde, hatten Frauen in Polen und ganz allgemein auf der Welt nicht viele Perspektiven. Es gab nur ein paar Berufe, die für uns vorgesehen waren, denn wir wurden hauptsächlich als Hausfrauen und Mütter gesehen. Leider konnten wir nicht wie Männer in bestimmten Bereichen Karriere machen. Ich aber WOLLTE MICH DER WISSENSCHAFT WIDMEN, im Labor arbeiten und mein Wissen über physikalische und chemische Phänomene vertiefen. Man kennt mich als MARIE CURIE. Den Nachnamen habe ich von meinem Mann. Zuvor hieß ich Marie Sklodowska. Ich war DIE ERSTE FRAU, die an der Sorbonne lehrte, die ZWEI NOBELPREISE für Physik und Chemie erhielt und nach der zwei chemische Elemente benannt wurden. Meine Superkraft war die ENTSCHLOSSENHEIT. Mit ihr führte ich bis zuletzt meine Forschungen zum Wohle der gesamten Menschheit durch, weil mir gesagt wurde, dass *der Weg zum Fortschritt weder schnell noch einfach ist.*

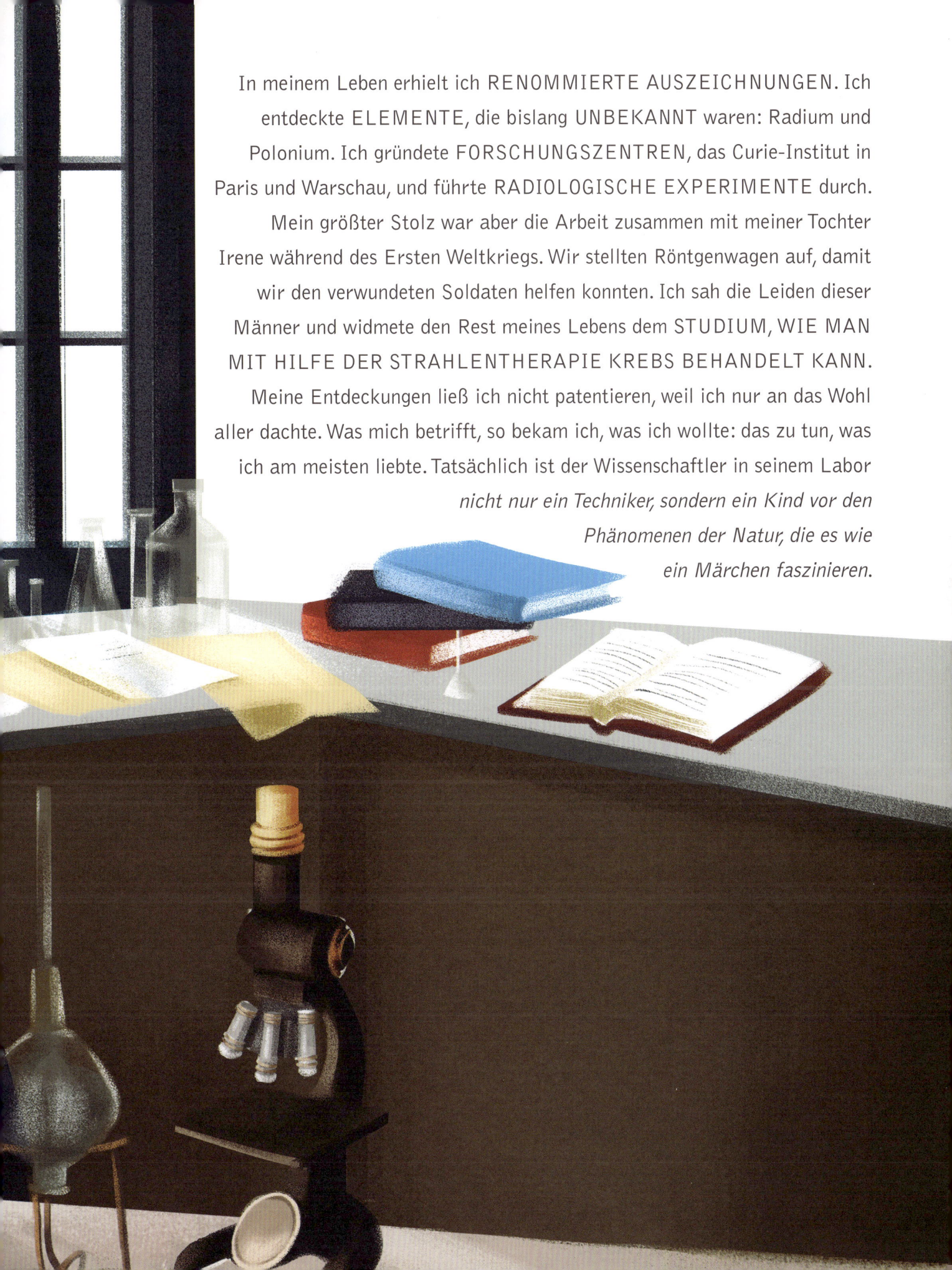

In meinem Leben erhielt ich RENOMMIERTE AUSZEICHNUNGEN. Ich entdeckte ELEMENTE, die bislang UNBEKANNT waren: Radium und Polonium. Ich gründete FORSCHUNGSZENTREN, das Curie-Institut in Paris und Warschau, und führte RADIOLOGISCHE EXPERIMENTE durch. Mein größter Stolz war aber die Arbeit zusammen mit meiner Tochter Irene während des Ersten Weltkriegs. Wir stellten Röntgenwagen auf, damit wir den verwundeten Soldaten helfen konnten. Ich sah die Leiden dieser Männer und widmete den Rest meines Lebens dem STUDIUM, WIE MAN MIT HILFE DER STRAHLENTHERAPIE KREBS BEHANDELN KANN.

Meine Entdeckungen ließ ich nicht patentieren, weil ich nur an das Wohl aller dachte. Was mich betrifft, so bekam ich, was ich wollte: das zu tun, was ich am meisten liebte. Tatsächlich ist der Wissenschaftler in seinem Labor *nicht nur ein Techniker, sondern ein Kind vor den Phänomenen der Natur, die es wie ein Märchen faszinieren.*

Mahatma
Gandhi
1869-1948

Sie nannten mich „Mahatma", die GROSSE
SEELE. Ich aber mochte diese Bezeichnung
nie, WEIL ES FÜR MICH KEINE GROSSEN UND
KLEINEN SEELEN GIBT. Bei meiner Geburt erhielt
ich den Namen Mohandas Karamchand Gandhi. Ich wuchs
als Sohn einer begüterten und einflussreichen Familie
in Indien in Wohlstand auf. Ich war nicht von Anfang
an ein Verfechter der Rechte meines Volkes. In meiner
Jugend ging ich nach London, um Jura zu studieren. Dort
lebte ich wie ein Mensch aus dem Westen. Nach meinem
Studienabschluss kehrte ich nach Indien zurück und begann
als Rechtsanwalt zu arbeiten. Ein Fall brachte mich nach
Südafrika, wo ich auf die unzähligen Diskriminierungen der
dort arbeitenden Inder aufmerksam wurde. Diese Situation
ließ mich nicht kalt. Von diesem Moment an begann
mein Kampf, den ich aus freiem Willen
mit der SUPERKRAFT DER
GEWALTLOSIGKEIT führte.

Die indische Flagge zeigt heute noch die *CHARKA*, ein Spinnrad zum Spinnen von Baumwolle. Es ist das Symbol meines siegreichen Unterfangens, Textilprodukte, die nicht aus Indien kamen, zu boykottieren. Das Spinnrad stellt auch die WIEDERGEBURT MEINES LANDES INDIEN dar, das lange Zeit von einer ausländischen Regierung kontrolliert war. Ein tiefes Gefühl von Gerechtigkeit und Gleichheit führte dazu, dass ich ein Führer wurde. Aber ein ebenso tiefes Gefühl von Brüderlichkeit verlangte von mir zu den Waffen des PASSIVEN WIDERSTANDS, zum Kampf OHNE GEWALT, zu greifen. Ich kämpfte auf meine Weise, indem ich die Strapazen des Gefängnisses und des Fastens ertrug. Auf meinem BERÜHMTEN SALZMARSCH ging ich vierundzwanzig Tage lang zum Indischen Ozean, um Salz zu sammeln. Damit wollte ich darauf hinweisen, wie unfair und bedrückend die Steuer auf dieses grundlegende Lebensmittel war.

Durch meine Lebensweise wollte ich meine Überzeugungen zum Ausdruck bringen: SEI SELBST DIE VERÄNDERUNG, DIE DU GERNE IN DER WELT SEHEN WÜRDEST.

Albert Einstein 1879-1955

Sie bezeichneten mich als „Genie", aber ich war es nicht. Ich war EIN GEWÖHNLICHER MENSCH, nur ENTSCHIEDEN NEUGIERIG. Ich hatte zudem ein Faible für Mathematik und Physik, die oft als schwierige Fächer gesehen werden. Aber wenn du an meine berühmteste Formel $E = mc^2$ denkst, scheint es nicht so kompliziert zu sein, oder? Es ist eine Gleichung, die erklärt, dass die Energie eines Himmelskörpers seiner Masse, multipliziert mit der Lichtgeschwindigkeit und mit sich selbst, entspricht. Ok, ich gebe zu, vielleicht ist es nicht so einfach, aber es gelang mir so zu erklären, wie man Masse in Energie umwandelt und umgekehrt, und dies ist auf wissenschaftlicher Ebene ein beachtlicher Schritt nach vorne. Wenn ich also die SUPERKRAFT DES GENIES HATTE, dann nur, WEIL ICH STUDIEREN KONNTE, WAS MIR GEFIEL: *Jeder ist ein Genie! Aber wenn Du einen Fisch danach beurteilst, ob er auf einen Baum klettern kann, wird er sein ganzes Leben glauben, dass er dumm ist.*

Ich gewann einen Nobelpreis für Physik. Ich war Universitätsdozent. Ich wurde gerufen, um an den renommiertesten Universitäten der Welt Vorlesungen zu halten, und als ich starb, wollten sie mein Gehirn studieren, um zu verstehen, was es so besonders machte. ABER MEIN GENIE WURDE AUS ETWAS ANDEREM GEBOREN: aus dem UNSTILLBAREN WUNSCH ZU ENTDECKEN und die tiefsten Ursachen von allem, was uns umgibt, zu erforschen. Ich erzielte nicht immer die erwarteten Ergebnisse und als Junge hielt man mich für einen Drückeberger: Ich studierte nur Fächer, die mir gefielen, und schenkte dem, was man mir sagte, nicht zu viel Beachtung. Neben dem Wunsch das zu verstehen, was ich immer in meinem Kopf behalten hatte, brachten mich der kritische Geist und ein tiefer Sinn für Gerechtigkeit auch dazu, mich für Frieden und Gleichheit einzusetzen.

Das Foto, das mich besser als jedes andere darstellt, ist das, auf dem ich die Zunge zeige, weil es bezeugt, DASS MAN, UM GROSS ZU WERDEN, IMMER EIN WENIG „KIND" BLEIBEN MUSS!

Coco Chanel

1883-1971

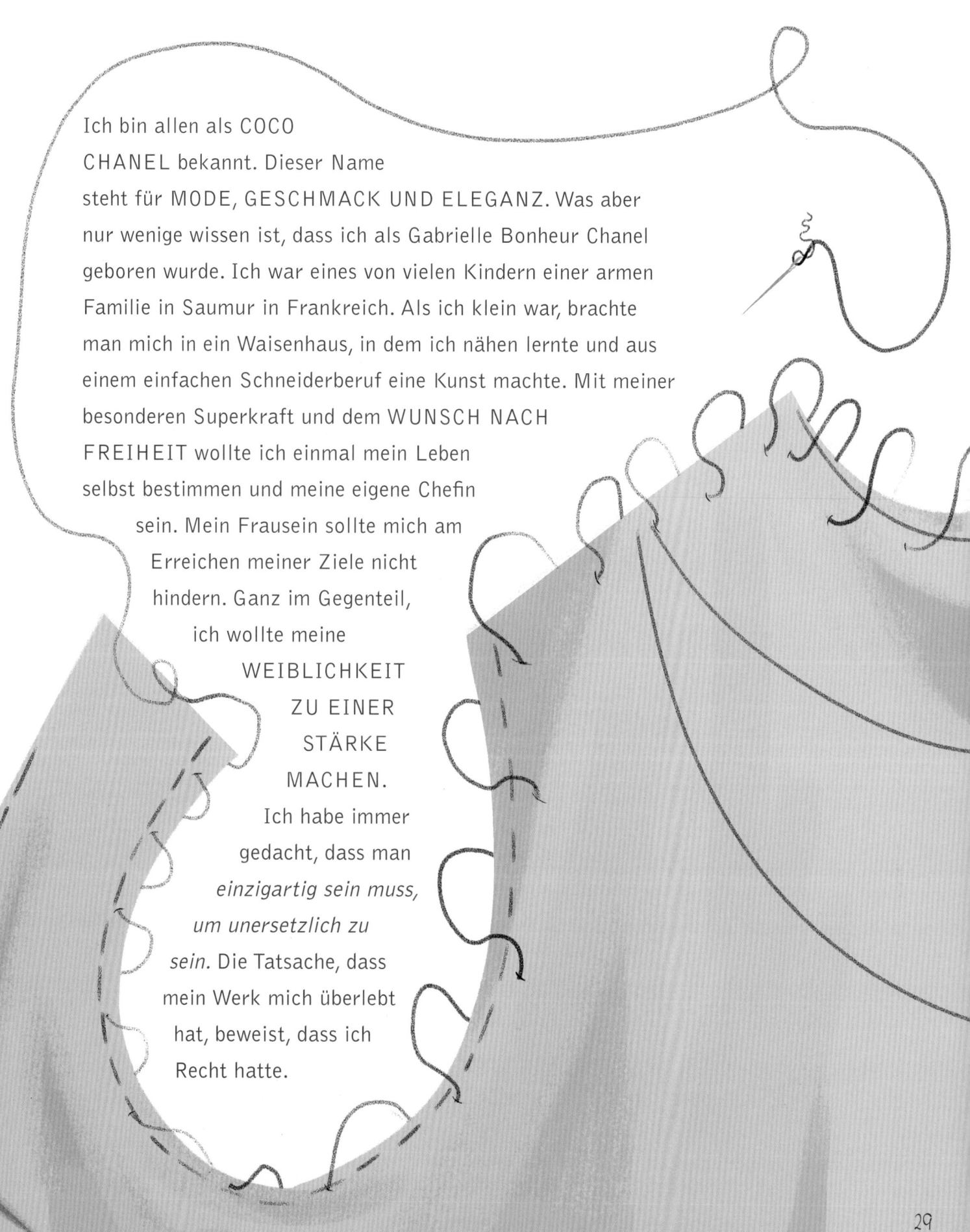

Ich bin allen als COCO CHANEL bekannt. Dieser Name steht für MODE, GESCHMACK UND ELEGANZ. Was aber nur wenige wissen ist, dass ich als Gabrielle Bonheur Chanel geboren wurde. Ich war eines von vielen Kindern einer armen Familie in Saumur in Frankreich. Als ich klein war, brachte man mich in ein Waisenhaus, in dem ich nähen lernte und aus einem einfachen Schneiderberuf eine Kunst machte. Mit meiner besonderen Superkraft und dem WUNSCH NACH FREIHEIT wollte ich einmal mein Leben selbst bestimmen und meine eigene Chefin sein. Mein Frausein sollte mich am Erreichen meiner Ziele nicht hindern. Ganz im Gegenteil, ich wollte meine WEIBLICHKEIT ZU EINER STÄRKE MACHEN. Ich habe immer gedacht, dass man *einzigartig sein muss, um unersetzlich zu sein.* Die Tatsache, dass mein Werk mich überlebt hat, beweist, dass ich Recht hatte.

Alles begann mit HÜTEN. Es war der BEGINN DES 20. JAHRHUNDERTS. Während sich der Fortschritt rasant entwickelte (Autos, Züge, Flugzeuge, Elektrizität ...), kleideten sich die Frauen weiterhin streng, aufwändig und unpraktisch. Wenn ich die Frauen sah, wirkten sie manchmal wie in ihrer Kleidung eingesperrt. Für mich war der Zeitpunkt für die Frauen gekommen, ihre Beziehung zu ihrem Körper freier zu leben, ihr Leben selbst in die Hand zu nehmen, ohne dabei aber weniger elegant oder feminin zu wirken. Ich begann KLEIDUNG für die MODERNE FRAU ZU KREIEREN, die genau so wie Männer arbeitete und handelte. Praktische Kostüme, *Mode*, die die weiblichen Formen betonte, ohne vulgär zu wirken, Kleider, in denen man sich frei bewegen konnte und dabei guten Geschmack zeigte. Ich hatte Höhen und Tiefen, ich wurde gelobt und kritisiert, man hat mich geschätzt und angefeindet, aber *ich bereue nichts in meinem Leben, außer dem, was ich nicht getan habe.*

Amelia Earhart 1897-1937

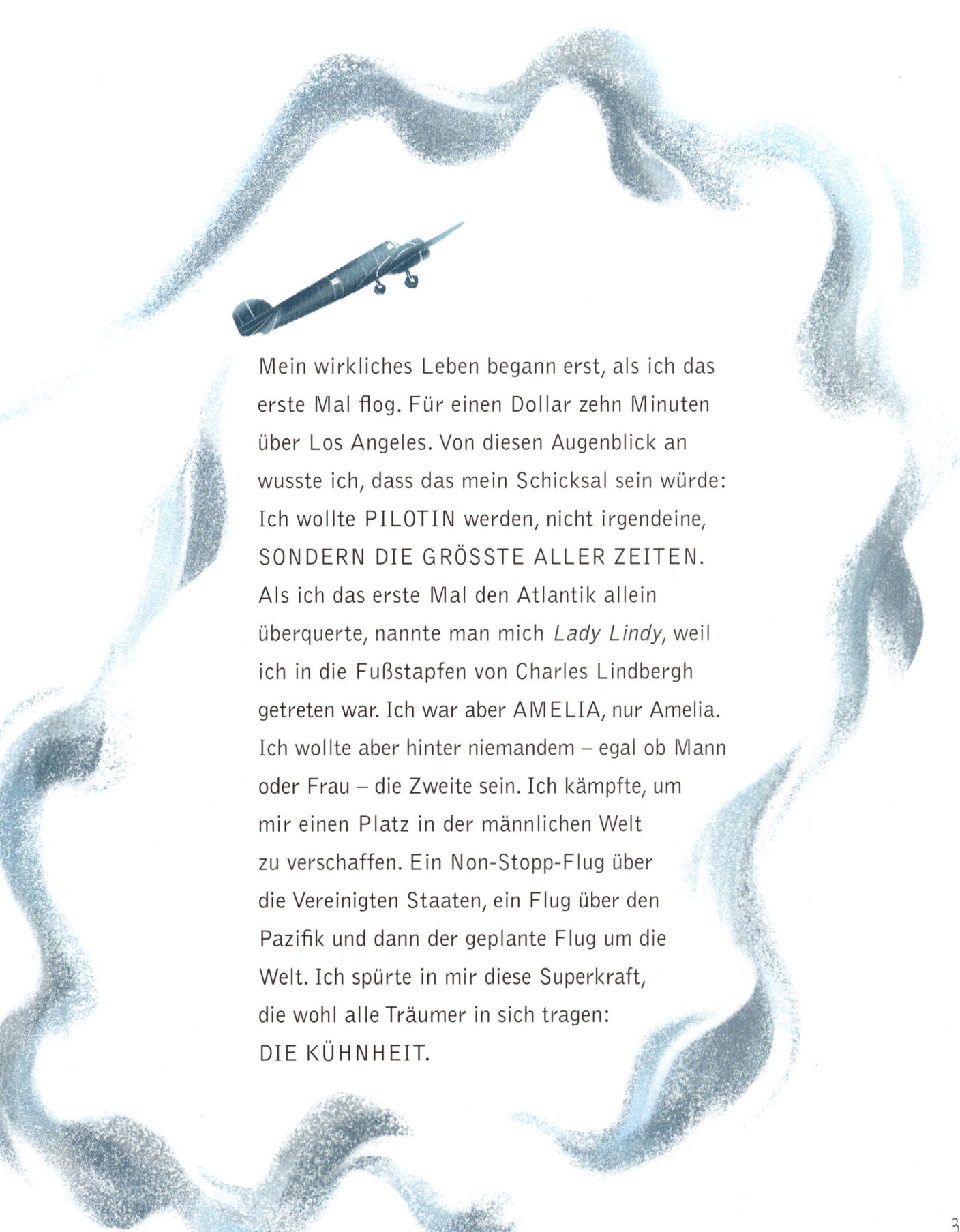

Mein wirkliches Leben begann erst, als ich das
erste Mal flog. Für einen Dollar zehn Minuten
über Los Angeles. Von diesen Augenblick an
wusste ich, dass das mein Schicksal sein würde:
Ich wollte PILOTIN werden, nicht irgendeine,
SONDERN DIE GRÖSSTE ALLER ZEITEN.
Als ich das erste Mal den Atlantik allein
überquerte, nannte man mich *Lady Lindy*, weil
ich in die Fußstapfen von Charles Lindbergh
getreten war. Ich war aber AMELIA, nur Amelia.
Ich wollte aber hinter niemandem – egal ob Mann
oder Frau – die Zweite sein. Ich kämpfte, um
mir einen Platz in der männlichen Welt
zu verschaffen. Ein Non-Stopp-Flug über
die Vereinigten Staaten, ein Flug über den
Pazifik und dann der geplante Flug um die
Welt. Ich spürte in mir diese Superkraft,
die wohl alle Träumer in sich tragen:
DIE KÜHNHEIT.

Mein Vorhaben war verwegen und viele glaubten nicht, dass ich dazu in der Lage wäre. Ich denke aber, dass man eine ordentliche Portion Wahnsinn braucht, UM AN DIE EIGENEN TRÄUME ZU GLAUBEN und FÜR SIE ZU KÄMPFEN. Rund 47.000 Kilometer mit dem Flugzeug um die Welt zu fliegen, war ein wirklich einzigartiges Unterfangen.

Als ich abhob, schlug mein Herz wie wild: Es geschah wirklich! Es fehlten noch 11.000 Kilometer über dem Pazifik, als etwas schief lief. Kommunikationsprobleme, wenig Treibstoff, schlechte Sicht und unter mir ein Fleckchen Erde, das in viele kleine Inseln zerstückelt war ... Dort verschwand ich mit meinem Flugzeug, der *Electa*, und Fred Noonan, dem Navigator, der mich bis dorthin geführt hatte. Habe ich versagt? Ja und nein ... Es stimmt, dass ich mein Vorhaben nicht vollendet habe, aber ICH HABE vielen Frauen nach mir EINEN WEG GEZEIGT. Ich glaube nämlich, dass Frauen *versuchen müssen, das Unmögliche zu erreichen, so wie es auch Männer tun. Wenn sie scheitern, muss ihr Scheitern eine Herausforderung für andere Frauen sein.*

Frida Kahlo

1907-1954

Mein voller Name ist lang, fast wie ein Zungenbrecher. Aber für alle war ich immer nur FRIDA. In meinem Leben musste ich auf viele Superkräfte zurückgreifen, aber am meisten zeichnete mich wohl meine LEIDENSCHAFT aus. Ich glaube, dass ich sie von meiner Heimat Mexiko habe, wo die Menschen sich immer auf ihr Herz verlassen. Im Alter von achtzehn Jahren schien mein Leben vorgezeichnet zu sein. Ich war verliebt und ging zur Universität, um Ärztin zu werden. Aber dann veränderte EIN UNFALL jäh mein Schicksal. Ich hätte alles aufgeben und meinen Körper für mich entscheiden lassen können, aber stattdessen KÄMPFTE ICH WIE EINE LÖWIN und wurde so zu einer der größten Künstlerinnen der Welt.

Als eine Straßenbahn mit dem Autobus, in dem ich saß, am 17. September 1925 kollidierte, fiel ich buchstäblich auseinander. Mein Rücken brach an drei Stellen, mein Becken zerbröckelte, mein Bein war zerquetscht ... Nachdem ich aus dem Krankenhaus entlassen wurde, musste ich jahrelang das Bett hüten. Und das war eine OFFENBARUNG für mich. Dank eines riesigen Spiegels, der am Baldachin meines Bettes befestigt war, begann ich zu malen. Selbstporträts, mit denen ich meine Geschichte, mein Leiden, meine Gefühle und die Lebensfreude festhielt, die ich durch diesen immensen Schmerz empfand. Durch die Kunst lernte ich auch meine andere GROSSE LIEBE KENNEN: DIEGO RIVERA. Die Kunst bedeutete für mich nicht nur einfaches Überleben. Durch sie konnte ich meine LEIDENSCHAFT erzählen, mit der ICH – trotz allem – DAS LEBEN VERSCHLANG. Zusammenfassend kann ich sagen: *Ich bin nicht krank. Ich bin gebrochen, aber ich bin glücklich, solange ich malen kann.*

Mutter Teresa von Kalkutta

1910-1997

Ich bin als MUTTER TERESA VON KALKUTTA bekannt,
mein richtiger Name ist aber Aniezë Gonxhe Bojaxhiu und Ich
wurde in Skopje, damals ein Teil Albaniens, geboren. Schon
als Mädchen wusste ich, dass ich für INDIEN bestimmt war.
Damals ahnte ich nicht, dass meine Mission darin bestehen
würde, mich den Armen zu widmen. Aber in der Nacht des
10. August 1946 hatte ich eine Erleuchtung: Ich musste die
Sicherheit des Klosters verlassen, um mich jenen zu widmen,
die einem Schicksal von Elend und Leid ausgesetzt waren. Es
war nicht einfach. Ich musste meine Vorgesetzten von meiner
Entscheidung überzeugen. Ich lernte in einem Kurs wie man
Kranke pflegt und musste in einer Hütte im Stadtteil Motijhil
von Kalkutta leben, wo ich mit den Ausgegrenzten und ihrer
Verzweiflung in Berührung kam. Ich konnte mich nur auf die
SUPERKRAFT DES GLAUBENS STÜTZEN. Es gelang
mir aber andere zu überzeugen und meinem Beispiel zu
folgen. 1950 gründete ich die Missionarinnen der
Nächstenliebe, meine eigene Gemeinde, die nur
ein Ziel verfolgte: Die Liebe zum Nächsten.

Als ich beschlossen hatte, mein Leben denjenigen zu widmen, die nichts hatten, nicht einmal die Würde, gab ich den schwarzen Schleier auf. Ich trug EINEN SARI, den einfachsten und billigsten, UM GENAU WIE JEDE ANDERE INDERIN AUSZUSEHEN. Ich nahm auch die Staatsbürgerschaft des Landes an, in dem ich dienen wollte. Ich tauchte in die Welt der *SLUMS*, in die Armenviertel von Kalkutta, ein. Ich tröstete die Leidenden, heilte die Kranken und schreckte vor nichts zurück, auch nicht vor den Aussätzigen und denen, die nichts als Augen zum Weinen hatten. Ich tat es weder der Ehre wegen noch um berühmt zu werden, sondern weil ich immer daran dachte, *dass selbst wenn das, was wir tun, nur ein Tropfen im Meer ist, der Ozean einen Tropfen weniger hätte, wenn wir es nicht täten.* Ich sah mich immer als *BLEISTIFT IN DEN HÄNDEN GOTTES*: Ich war ein Werkzeug, das für ein höheres Gut zur Verfügung stand.

43

Rosa Parks

1913-2005

Ich war müde. Nicht sehr und nicht nur, weil ich nach einem langen Arbeitstag (ich war Näherin) nach Hause kam, sondern weil ich nicht mehr bereit war, DIE STÄNDIGE BELEIDIGUNG HINZUNEHMEN, WEGEN MEINER HAUTFARBE weniger wert zu sein als andere. Es war der 1. Dezember 1955 und ich stieg wie jeden anderen Tag in den Bus. Es gab nur einen freien Platz und den nahm ich. Der Fahrer forderte mich auf, ihn freizulassen, weil er weißen Bürgern vorbehalten war. Aber ich weigerte mich und wurde deshalb festgenommen. Ich sagte NEIN zu etwas, das ich ZUTIEFST UNFAIR FAND. Ich konnte mir nicht vorstellen, dass dies zum Boykott der öffentlichen Verkehrsmittel in Montgomery führen würde, jener Stadt, in der ich als Teil der afroamerikanischen Bevölkerung lebte. Ich wurde eine Heldin, ein Symbol sozialer Befreiung, aber ich war nur eine Frau mit der SUPERKRAFT DER ENTSCHLOSSENHEIT.

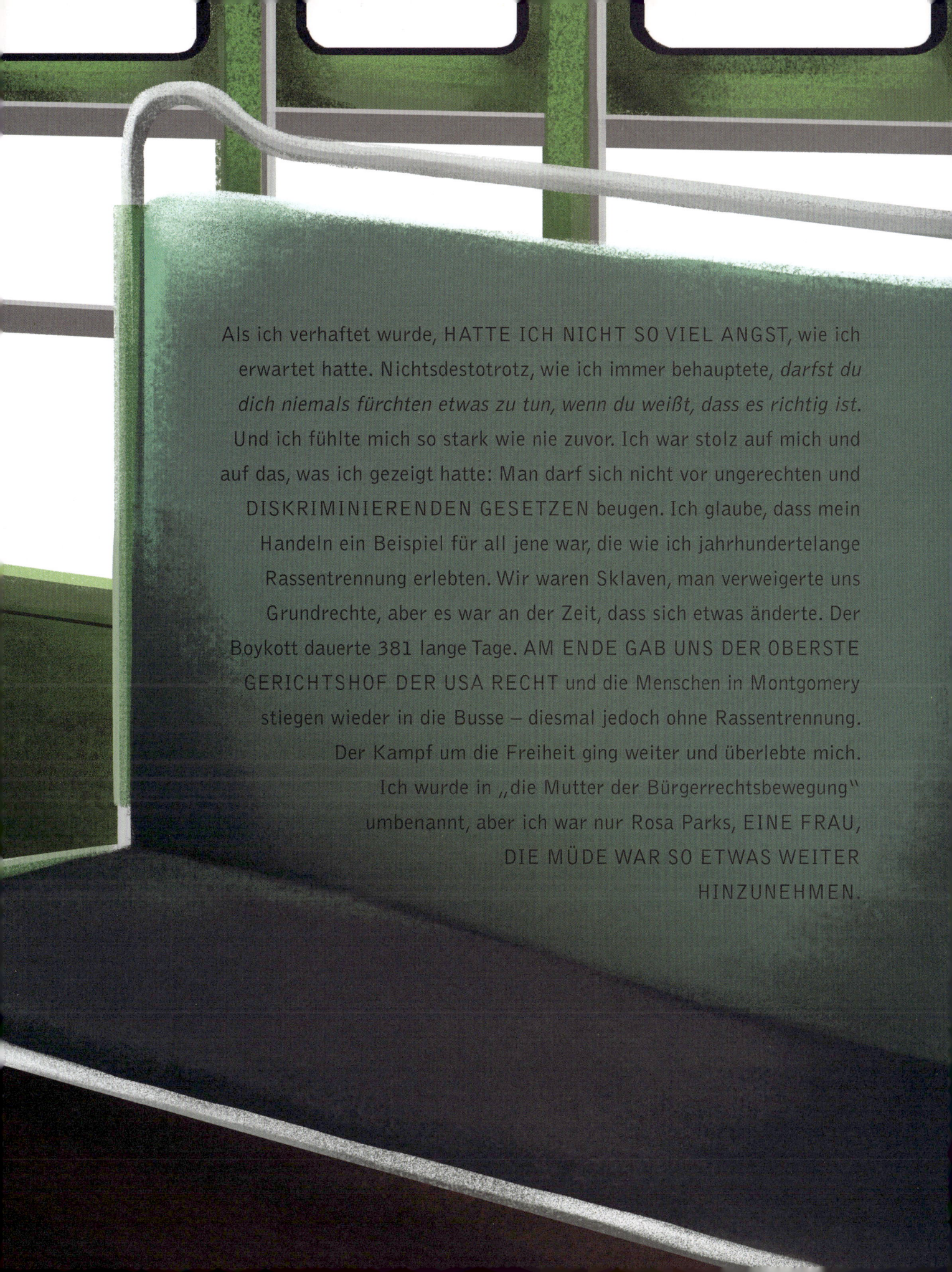

Als ich verhaftet wurde, HATTE ICH NICHT SO VIEL ANGST, wie ich erwartet hatte. Nichtsdestotrotz, wie ich immer behauptete, *darfst du dich niemals fürchten etwas zu tun, wenn du weißt, dass es richtig ist.* Und ich fühlte mich so stark wie nie zuvor. Ich war stolz auf mich und auf das, was ich gezeigt hatte: Man darf sich nicht vor ungerechten und DISKRIMINIERENDEN GESETZEN beugen. Ich glaube, dass mein Handeln ein Beispiel für all jene war, die wie ich jahrhundertelange Rassentrennung erlebten. Wir waren Sklaven, man verweigerte uns Grundrechte, aber es war an der Zeit, dass sich etwas änderte. Der Boykott dauerte 381 lange Tage. AM ENDE GAB UNS DER OBERSTE GERICHTSHOF DER USA RECHT und die Menschen in Montgomery stiegen wieder in die Busse – diesmal jedoch ohne Rassentrennung. Der Kampf um die Freiheit ging weiter und überlebte mich. Ich wurde in „die Mutter der Bürgerrechtsbewegung" umbenannt, aber ich war nur Rosa Parks, EINE FRAU, DIE MÜDE WAR SO ETWAS WEITER HINZUNEHMEN.

Nelson Mandela

1918–2013

Oft wurde ich *Madiba* genannt, ein Titel, der in meiner ethnischen Gruppe nur wichtigen Männern vorbehalten ist. Ich denke aber, dass mein Geburtsname Rolihlahla mich am besten beschreibt. Er bedeutet „PERSON, DIE ÄRGER VERURSACHT" und diesen habe ich auf MEINEM TRAUM VON FREIHEIT mehrfach verursacht. Ich bin in Südafrika aufgewachsen, einem Land, das durch die *Apartheid*, die Rassentrennung zwischen der weißen und der schwarzen Bevölkerung, gespalten war. Bereits als Junge war mir klar, dass ich meinen Kindern keine derart geteilte Welt hinterlassen wollte. Um dieses Ziel zu erreichen, griff ich auf jede Superkraft zurück, über die ich verfügte, aber vor allem auf die GEDULD. 26 Jahre im Gefängnis und ein unbeugsamer Kampf waren notwendig, um das zu bekommen, was ich wollte. Schließlich konnte ich meine Augen in einem LAND ZU SCHLIESSEN, DAS ENDLICH WIEDER VEREINT WERDEN WAR.

Mein Kampf für die Freiheit begann, als ich ein Junge war. Ich weigerte mich gegen den Brauch, die Frau zu heiraten, die mein Clan für mich ausgewählt hatte. ICH FOLGTE MEINEM HERZEN und so trat ich dem *African National Congress* bei, die politische Partei gegen die Apartheid. Ich träumte von dem Tag, an dem die von einem Teil der südafrikanischen Bevölkerung genossenen Rechte auf alle Menschen ausgedehnt würden. Und obwohl ich mich der Waffen der Gewaltlosigkeit bediente, LANDETE ICH IM GEFÄNGNIS. Es gab Zeiten, in denen ich alles leugnen wollte, nur um aus dieser scheinbar endlosen Gefangenschaft herauszukommen. Aber ich erkannte, dass ich außerhalb der Zelle NIE FREI SEIN WÜRDE, und so wäre es auch für mein Volk gewesen. Ihr könnt euch nicht vorstellen, welche Freude ich empfand, als ich endlich entlassen wurde. Dieses Gefühl des Friedens wollte ich auch als Präsident meinem Land geben, denn *Hass zu empfinden ist wie Gift zu trinken, in der Hoffnung, dass es den Feind tötet.*

Anne Frank

1929-1945

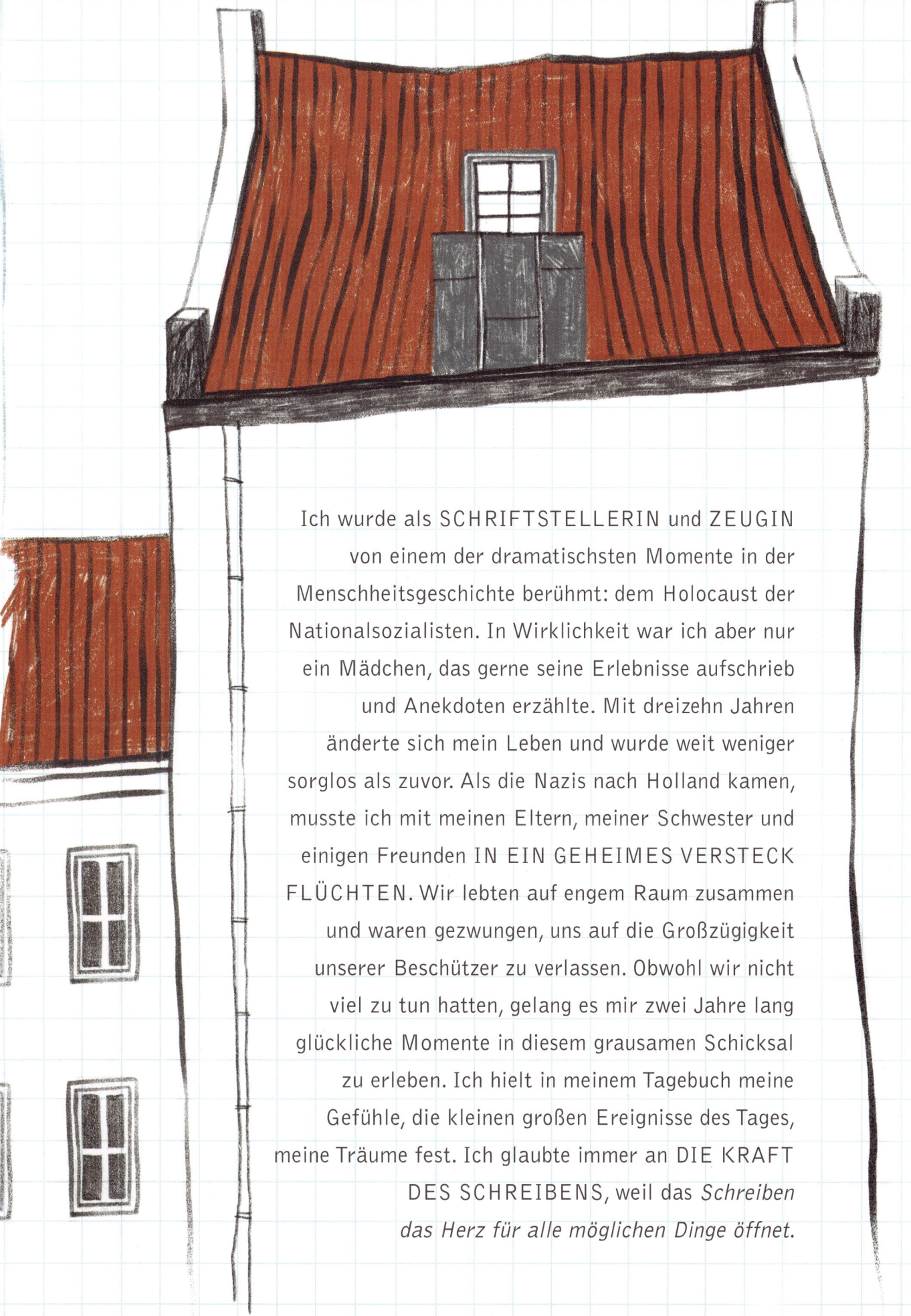

Ich wurde als SCHRIFTSTELLERIN und ZEUGIN von einem der dramatischsten Momente in der Menschheitsgeschichte berühmt: dem Holocaust der Nationalsozialisten. In Wirklichkeit war ich aber nur ein Mädchen, das gerne seine Erlebnisse aufschrieb und Anekdoten erzählte. Mit dreizehn Jahren änderte sich mein Leben und wurde weit weniger sorglos als zuvor. Als die Nazis nach Holland kamen, musste ich mit meinen Eltern, meiner Schwester und einigen Freunden IN EIN GEHEIMES VERSTECK FLÜCHTEN. Wir lebten auf engem Raum zusammen und waren gezwungen, uns auf die Großzügigkeit unserer Beschützer zu verlassen. Obwohl wir nicht viel zu tun hatten, gelang es mir zwei Jahre lang glückliche Momente in diesem grausamen Schicksal zu erleben. Ich hielt in meinem Tagebuch meine Gefühle, die kleinen großen Ereignisse des Tages, meine Träume fest. Ich glaubte immer an DIE KRAFT DES SCHREIBENS, weil das *Schreiben das Herz für alle möglichen Dinge öffnet.*

Könntet ihr das geheime Versteck im „HINTERHAUS",
in der Prinsengracht Nr. 263 in Amsterdam, das heute
zu meinem Gedenken ein Museum geworden ist, sehen,
dann würdet ihr kaum glauben, dass ich hier mit meiner
Familie und weiteren vier Personen ZWEI JAHRE LANG
LEBTE. Es war schwierig, keinen Kontakt zu anderen zu
haben. Nicht so wie früher, einen Schal um den Hals zu
wickeln und den Kanälen entlang zu laufen. Oder auf den
Blumenmarkt zu gehen oder eine warme *Stroopwafel* mit
Karamell zu kaufen. Trotzdem ließ ich mir meine innere
FREIHEIT NICHT NEHMEN, DIE FREUDE AM LEBEN
ZU SEIN, meine Meinung zum Ausdruck zu bringen,
zu lieben und den Himmel zu betrachten. Viele legten
Zeugnis ab vom Krieg und von den Geschehnissen in den
Konzentrationslagern. Ich glaube aber, dass meine Stimme
viele Menschen erreichte, weil ICH MICH AUF DIE
HOFFNUNG KONZENTRIERTE und nicht beim Schrecken
stehen blieb. *Trotz allem glaube ich immer noch, dass die
Menschen tief in ihrem Herzen gut sind.*

Martin Luther King 1929-1968

I have a dream sind die Eröffnungsworte einer
meiner berühmtesten Reden, die ich vor einer riesigen
Menschenmenge hielt, die sich nach dem friedlichen
MARSCH AUF WASHINGTON IM NAMEN DER RECHTE
vor dem Lincoln Memorial versammelt hatte. Es war der
28. August 1963. Seit Jahren kämpfte ich dafür, um meinen
TRAUM VON EINER BESSEREN WELT vorzuschlagen,
in der meine Kinder leben könnten, ohne von anderen nur
wegen ihrer HAUTFARBE anders behandelt zu werden. Ich
glaubte immer an GEWALTLOSIGKEIT und verbrachte
den größten Teil meines Lebens damit, meine Botschaft
der Hoffnung zu predigen – den Glauben an eine mögliche
Brüderlichkeit unter den Völkern. Da ich mich auf meine
Superkraft verlassen konnte, die größer als jede andere war,
nämlich das VERTRAUEN IN DIE MENSCHHEIT, setzte
ich mein Leben aufs Spiel, denn „solange nicht alle frei
sind, ist niemand frei".

Wer auch immer mich erschoss, wollte meinen Kampf für immer beenden. Er konnte sich nicht vorstellen, dass das Saatgut, das meine Reden im Laufe der Jahre freisetzte, mich überleben und zu zahllosen Fortschritten IM KAMPF UM DIE ANERKENNUNG DER RECHTE DER AFROAMERIKANER führen würde. Wisst ihr warum? Denn „früher oder später kommt die Zeit, in der man eine Entscheidung treffen muss, die weder sicher noch bequem oder populär ist, aber sie muss getroffen werden, weil sie richtig ist". Das habe ich als Junge verstanden, als ich stundenlang in einem Bus stehen musste, damit die für Weiße reservierten Plätze frei blieben. Und ich war mir sicher, nachdem eine Frau wie Rosa Parks sich weigerte, ihren Platz wegen ihrer „Hautfarbe" zu verlassen. Ich wurde eingesperrt und gefährdete das Leben meiner Liebsten für ein höheres Ideal der Gerechtigkeit. Ich wusste, dass ich es FÜR MICH SELBST TUN MUSSTE UND FÜR ALLE, DIE SPÄTER FOLGEN WÜRDEN.

Neil Armstrong

1930-2012

Das ist ein kleiner Schritt für einen Menschen, aber ein riesiger Sprung für die Menschheit, das sind die Worte, die ich über Funk sprach, als ich den Boden des Mondes berührte. Der 20. JULI 1969 ist ein Datum, das nicht nur mein Leben, sondern auch das meiner Zeitgenossen und derer, die nach mir kamen, tief prägte. Zuerst gab es einen Mann mit der Leidenschaft für das Fliegen, dann einen gefeierten Helden, der ein als unmöglich erachtetes Vorhaben durchgeführt hatte: DIE FÜSSE AUF DEN MOND ZU SETZEN, wo noch nie zuvor jemand war. Es war die Ära des Wettlaufs um die Eroberung des Weltraums. Die Sowjets waren uns bereits voraus. Sie schickten den ersten Mensch in eine Erdumlaufbahn, den Kosmonauten Juri Gagarin. Als Amerikaner, als Mann, als Träumer, versuchte ich, den Wettlauf auszugleichen und lief auf unserem Satelliten herum. Und wisst ihr, was ich entdeckt habe? Dass man um seine Ziele zu erreichen, nur eine einzige Superkraft braucht: die AUSDAUER.

Das erste Mal, als ich meine Füße vom Boden hob, war ich noch ein Kind: eine Art Flugtaufe ohne zu hohe Ansprüche. Als ich landete, war mein Schicksal vorgezeichnet. ICH WOLLTE PILOT WERDEN, frei am Himmel schweben und über die Welt fliegen, um sie von oben zu sehen und ihr Wunder zu begreifen. Ich kämpfte auch im Koreakrieg, bevor ich mich dem ehrgeizigen Projekt „MAN IN SPACE SOONEST" näherte, um die stärkste Nation im Weltraum, die Sowjetunion, zu schlagen. Der Wendepunkt meines Lebens war DAS APOLLO-PROGRAMM und dass ich ALS KOMMANDANT DER *APOLLO-11* AUSGEWÄHLT WURDE. Mich begleiteten die Kollegen und Freunde Michael Collins und Buzz Aldrin. Wir drei eroberten den Mond. Aber ich hatte die Ehre, ALS ERSTER auf seine Oberfläche zu steigen: Ein jungfräuliches Land, das andere nach uns bereisen und studieren werden.

Dian
Jossey

1932-1985

Ich war extrem und wurde oft nicht verstanden.
Aber ich musste entschlossen sein, wenn ich meine
Gorillas retten wollte. ICH WÄHLTE AFRIKA und
entschied mich dafür, diese Primaten zu studieren.
In Wirklichkeit glaubte ich aber, dass sie es waren,
die mich ausgewählt hatten. Ich lebte so viele Jahre
in Kontakt mit diesen unglaublichen Tieren, dass die
Einheimischen mir den Spitznamen „DIE FRAU,
DIE ALLEIN AUF DEM BERG LEBT" gaben.
In Wirklichkeit war ich nie alleine: Ich hatte das
Gorillamännchen Digit, das durch ein Foto, auf dem
es mein Haar berührte, berühmt wurde, und die
anderen Gorillas. Und dann gab es noch die
Wilderer, gegen die ich mich mit all meinen
Waffen wehrte. Ich kämpfte mit aller Kraft,
wurde für eine Extremistin gehalten
und starb. Ich musste es tun.
Ich musste meine SUPERKRAFT
NUTZEN, DEN KAMPFGEIST
UND DIE ENTSCHLOSSENHEIT,
um sie und ihren Lebensraum
zu schützen.

Weil ich meinen Idealen treu blieb, wurde ich am 26. Dezember 1985 ermordet. Man fand mich am Tag nach dem Todesstoß mit einer Panga. Mit dieser Waffe wurden auch meine geliebten Gorillas und mein Digit getötet. Ich blieb im Wald, UM DIE TIERE, DIE ICH LIEBTE, bis zum letzten Atemzug ZU VERTEIDIGEN. Ich dachte immer, DASS DER SCHUTZ DER NATUR UND DER TIERE, EIN WEG IST, UNS ALLE ZU SCHÜTZEN: *Der Mensch, der heute ein Tier tötet, ist derselbe, der eines Tages die Person töten wird, die sich ihm in den Weg stellt.* Jahrelang erforschte ich das Leben der Gorillas, setzte mich für ihren Schutz ein und schrieb das Buch „Gorillas im Nebel", in dem ich viele Informationen über diese Tiere sammelte. Den künftigen Generationen hinterließ ich den Dian Fossey Gorilla Fund, damit andere den Kampf an meiner Stelle fortsetzen können.

Walentina Tereschkowa

1937

Meine Kindheit war nicht einfach. Ich war gezwungen, meine Ärmel hochzukrempeln und zu arbeiten, als ich noch ein Mädchen war. Ich war als Arbeiterin in einer Reifenfabrik und dann in der Textilindustrie beschäftigt, ABER ICH HÖRTE NIE AUF ZU GLAUBEN, DASS MEIN LEBENSWEG EIN ANDERER SEIN WÜRDE. Ich studierte immer weiter und es gelang mir, Fallschirmspringerin zu werden. Ich bewunderte Juri Gagarins Heldentaten im Weltraum und wollte in seine Fußstapfen treten: Deshalb bewarb ich mich als Kosmonautin. Ich wurde mit vier anderen Frauen ausgewählt, war aber die einzige, die an einer Raumfahrtmission teilnahm. Warum? Weil mir meine Erfahrung eine Superkraft schenkte: DIE BELASTBARKEIT.

Mein Start in den Weltraum erfolgte am 16. Juni 1963 vom Kosmodrom in Baikonur aus. Mit dem Raumschiff Wostok 6 habe ich 48 ERDUMRUNDUNGEN DURCHGEFÜHRT. Als Funkrufname wählte ich den Namen „MÖWE", einen Vogel, der frei über das Meer fliegt. Dies war auch DER MOMENT, IN DEM ICH MICH FREIER FÜHLTE. *Jeder, der einige Zeit im Weltraum verbracht hat, wird ihn für den Rest seines Lebens lieben. Ich habe meinen Jugendtraum im All verwirklicht.* Was ich empfand, war auch Stolz und ein Gefühl der Genugtuung, DIE IMMENSE BEFRIEDIGUNG ETWAS WICHTIGES GETAN ZU HABEN. Bei der Rückkehr wurde ich mit großer Ehre empfangen, wichtiger ist aber, dass ICH ANDEREN FRAUEN DEN WEG GEÖFFNET HABE. Der Weltraum wird nie wieder nur reine „Männersache" sein!

Stephen Hawking
1942-2018

Den größten Teil meines LEBENS VERBRACHTE ICH IN EINEM BEWEGUNGSLOSEN KÖRPER. Ich fühlte mich wie eine Auster, die in ihrem Gehäuse gefangen war. Trotzdem hörte ich nicht auf nachzudenken und zu reflektieren. Und so reiften einige Perlen in mir heran. Viele wissenschaftliche Theorien trugen dazu bei, unser WISSEN ÜBER DAS UNIVERSUM zu verbessern. Im Jahr 1963 war ich ein begeisterter Student in Cambridge. Doch dann wurde eine degenerative Erkrankung bei mir diagnostiziert. Sie sagten mir, dass ich nur noch zwei Jahre zu leben hätte. Stattdessen wurde ich 76 Jahre alt. Ich heiratete, bekam Kinder und Enkelkinder. Aber vor allem WAR ICH DER SCHÖPFER GROSSER ENTDECKUNGEN wie etwa der Hawking-Strahlung, die meinen Namen trägt. Wie ich das gemacht habe? MIT MEINER SUPERKRAFT: DEM GLAUBEN AN DIE VERNUNFT!

So hart das Leben auch sein mag, es gibt immer etwas, was man tun kann. Schaut auf die Sterne, nicht auf eure Füße. Das war das Motto meiner Existenz. ICH SCHAUTE SO VIEL AUF DEN HIMMEL, dass ich meinte, nichts mehr anderes tun zu können! Dann nahm ich die Zügel meines Lebens, das aus den Bahnen der Normalität entgleist war, in die Hand. Und daraus wurde ein Meisterwerk. ICH UNTERSUCHTE DAS GEHEIMNIS DER SCHWARZEN LÖCHER. Ich versuchte, den URSPRUNG DER ZEIT zu entdecken. Ich prüfte die Möglichkeit EINER ANDEREN THEORIE ÜBER DEN KOSMOS. Ich sorgte dafür, dass sich mein Wissen verbreitete. Ich nahm an Konferenzen auf der ganzen Welt teil, schrieb Bücher und nahm an Fernsehübertragungen teil. Ich wollte eine demokratische Wissenschaft, die allen offen steht, verständlich ist und Taten bewirkt. In einem Rollstuhl, mit einem Sprachsynthesizer, um meine Gedanken in Worten wiederzugeben, gab ich dem, was es nicht gab, einen Sinn, *denn erst wenn die Erwartungen auf Null sind, schätzt man wirklich, was man hat.*

Muhammad Ali

1942-2016

Ich bin als der GRÖSSTE BOXER ALLER ZEITEN
BEKANNT, aber ich war noch viel mehr: Ich zeigte
denen einen Weg, die wie ich versucht waren, Gewalt
als Verteidigungsmittel einzusetzen, den vielen Kindern,
die auf den Straßen der Großstädte ohne Träume oder
Hoffnungen verloren waren. Ich war Cassius Clay, ein
Junge und dann ein Mann, der in den Ring kletterte,
UM SEINE WUT in einem fairen, sauberen Boxkampf
ABZUREAGIEREN. Ich wurde Muhammad Ali, ein Held
meiner Leute, der Afroamerikaner, in einem Amerika,
das immer noch tief von Rassenhass zerrissen war. Schon
als Kind hatte ich das Gefühl, eine Superkraft zu haben,
die gefährlich hätte werden können. Diese Art von Kraft,
die in Wut übergeht. Aber ich entschied, dass es mein
Verbündeter für das Gute sein sollte. Eines Tages wurde
mir gesagt: „Steig in einen Ring!".
Von da an änderte sich alles.

Ich zähle nicht wie oft ich als „Boxer des Jahres" bezeichnet wurde. Ich gewann olympisches Gold, ich war mehrfacher Schwergewichts-Champion. Ich besiegte unzählige Gegner mit Knockouts, die in die Geschichte eingingen. Besonders stolz war ich, die OLYMPISCHE FACKEL zu den Spielen 1996 von Atlanta tragen zu dürfen. Ich litt an der Parkinson-Krankheit. Obwohl meine Hand zitterte und ich meine Füße kaum bewegen konnte, gelang es mir, das Feuer zu entzünden.

Im Umgang mit der Krankheit zeigte ich dieselbe
Entschlossenheit, die mich im Boxen groß
gemacht hatte. Und dafür erhielt ich auch
die Freiheitsmedaille des Präsidenten.
Ich habe gezeigt, dass Gewalt nur dann zu
etwas Guten führt, wenn sie mit Rücksicht
auf andere und ZUGUNSTEN ALLER
MENSCHEN EINGESETZT WIRD.

Bobbi Gibb  1942

Ich war DIE ERSTE FRAU, die 1966 den BOSTON-MARATHON gelaufen ist. Ich tat dies zu einer Zeit, IN DER ATHLETINNEN EINE TEILNAHME VERBOTEN WAR. Man glaubte nämlich, dass Frauen körperlich dazu nicht in der Lage wären, aber ich stellte dies in Frage. UM MEINE LANGEN BLONDEN HAARE ZU VERSTECKEN, tauchte ich mit einer über den Kopf gezogenen Kapuze an der Startlinie auf und lief mit den anderen Läufern los. Während ich Kilometer für Kilometer mühsam zurücklegte, entschlossen, das Rennen zu beenden, bemerkten die anderen Teilnehmer, dass ich eine Frau war. Aber sie lachten mich nicht aus und ich wurde nicht ausgeschlossen. Das Gegenteil war der Fall. Sie unterstützten und ermutigten mich: Sie waren glücklich, dass ich unter ihnen war. Die Nachricht verbreitete sich in Windeseile und die Anfeuerung wurde stärker. Es war SO, ALS WÜRDE ICH FÜR ALLE FRAUEN LAUFEN, die unter den Zuschauern waren. Ich mobilisierte meine SUPERKRAFT, DAS DURCHHALTEVERMÖGEN, und überquerte die Ziellinie in 3 Stunden, 21 Minuten und 25 Sekunden. Ich hatte es geschafft!

Ich dachte darüber nach, wie viele Vorurteile wohl zerbröckeln würden, während ich 26 Meilen schnellen Schrittes lief! Schon als Kind liebte ich das Laufen. Als ich dann erwachsen war, wollte ich unbedingt an einem prestigeträchtigen Marathon wie in Boston teilnehmen. ALS MAN MIR EINE TEILNAHME NICHT GESTATTETE, WEIL ICH EINE FRAU WAR, entstand der Wunsch nach Rache. Nun ging es nicht mehr um das Laufen selbst. Ich wollte beweisen, dass ich es auch als Frau konnte oder vielmehr, DASS JEDE FRAU ES SCHAFFEN WÜRDE, WENN SIE ES WOLLTE. Ich dachte darüber nach, wie viele falsche Ideen man haben kann, wie viele Vorurteile es verhindern, dass Menschen ihre Träume verwirklichen. Als ich mich dazu entschloss, illegal beim Wettbewerb teilzunehmen, tat ich es für das Recht jedes Mannes und jeder Frau, das eigene Schicksal selbst zu bestimmen, und zwar unabhängig von Geschlecht, sozialer und kultureller Herkunft ... *Ich bin den Boston Marathon aus Liebe gelaufen [...], aber die Liebe ist unvollständig, wenn sie nicht geteilt wird.*

Malala Yousafzai 1997

Ich wollte nie eine Heldin sein. Mich interessierte nur das Lernen. Ich lebte in einem Dorf im Swat-Tal in Pakistan. Ich war glücklich. Ich hatte viele Freundinnen, eine unzertrennliche und liebevolle Familie und ... BÜCHER, um von meiner Zukunft ZU TRÄUMEN. Als ich gerade elf Jahre alt war, änderte sich die Situation jedoch dramatisch. Da kamen die Taliban und begannen, Schulen zu schließen, um Mädchen am Unterricht zu hindern und Gesetze zu erlassen, die die Freiheit der Menschen einschränkten. Ich fing an, einen BLOG ZU SCHREIBEN, um die Rechte einzufordern, die man mir und meinen Leuten verweigern wollte. Dafür wurde ich bestraft. Sie versuchten, mich zum Schweigen zu bringen, meinen Geist zu töten, aber es gelang ihnen nicht. Sie wussten nicht, dass ich mich auf eine Macht verlassen konnte, die stärker als die ihre war: Die Liebe zu Wahrheit, Freiheit und Gleichheit.

Am 9. Oktober 2012 änderte sich mein Leben für immer. Einige Männer, die gegen mein Engagement für die Bildung von Frauen waren, stiegen in den Bus, in dem ich unterwegs war, und schossen mir in den Kopf. Ich war erst fünfzehn. ICH KÄMPFTE UMS ÜBERLEBEN. Lange Zeit war mein Zustand unsicher: Man wusste nicht, ob ich jemals wieder so sein würde wie zuvor. Sie glaubten, mich besiegt zu haben, aber ich war stärker als sie. Ich hatte ein Ziel, das größer war als ich selbst und ich kämpfte mit allen Mitteln, um es zu erreichen. Ich schrieb ein Buch, bekam den Friedensnobelpreis und gründete eine Stiftung, den Malala Fund, um das Recht von Mädchen auf Schulbesuch zu unterstützen. Meine Aufgabe ist noch nicht erfüllt und wird es erst sein, WENN JEDE FRAU FREI IST, IHR SCHICKSAL SELBST ZU BESTIMMEN, wie ich es getan habe. Ich glaube fest an das, was ich oft sage: *Ein Kind, ein Lehrer, ein Buch und ein Stift können die Welt verändern*. Ich versuche es ...

Nun hast du Einblicke in das unglaubliche Leben dieser SUPERHELDEN bekommen, DIE SICH GANZ OHNE MASKE UND OHNE FURCHT ZEIGEN. Bist du immer noch überzeugt, dass außergewöhnliche Kräfte nötig sind, um die Welt zu retten? MUT, ENTSCHLOSSENHEIT, GENIALITÄT sind nur einige der Eigenschaften, die diese Männer und Frauen nutzten, um ihre Realität zu verändern. Sie kämpften, UM IHRE VORSTELLUNGEN DURCHZUSETZEN, die RECHTE ANDERER MENSCHEN ZU VERTEIDIGEN, IHREN GEDANKEN AUSDRUCK ZU VERLEIHEN und ... sie gaben dabei nie auf.

Sie erlebten DRAMATISCHE MOMENTE, mussten auf vieles verzichten, manche sogar auf ihr Leben. Aber sie hielten durch, OHNE SICH ENTMUTIGEN ZU LASSEN. Schließlich hinterließen sie ein unauslöschliches Zeichen ihrer Präsenz und eine Aufforderung an uns alle, ihnen zu folgen. Denn DIE WELT BRAUCHT SUPERHELDEN, vor allem solche, die mit Feder, Stimme, Intelligenz, Intuition und Ausdauer ausgestattet sind.

SIE BRAUCHT DICH, deine UNGLAUBLICHEN FÄHIGKEITEN und dein GROSSES HERZ.

Hättest du nach dieser faszinierenden Reise in Begleitung so vieler toller
Superhelden NICHT AUCH LUST, DICH INS SPIEL ZU BRINGEN?
Du glaubst vielleicht, dass du keine besonderen Fähigkeiten hast?
BETRACHTE DICH EINEN AUGENBLICK LANG IM SPIEGEL
und du siehst sofort, WAS DU ALLES BRAUCHST!
In dir gibt es nämlich eine Eigenschaft, DIE DICH AUSZEICHNET
und die DICH UNGLAUBLICH STARK macht!
Du musst nur deine GEHEIME KRAFT mit einer Prise MUT,
viel ENTSCHLOSSENHEIT und noch mehr FANTASIE würzen,
um deinen TRAUM UND DEINE IDEEN ZU VERWIRKLICHEN,
wohin auch immer sie dich führen werden.